胸の奥にこの花あるかぎり

平葉子
TAIRA YOKO

道友社

まえがき

日本はいま、世界が経験したことのない、少子・超高齢・多死社会を迎えています。

私が現役の看護師のころは、戦後のベビーブーム生まれの「団塊《だんかい》の世代」と呼ばれる人々が働き盛りで、日本の社会を牽引《けんいん》していました。日本の経済も好調で、働く人々を支えるべく、病院では、患者の社会復帰に向けて〝病気をとことん検査・治療する医療〟が中心でした。

それからおよそ四十年、団塊の世代は高齢者の仲間入りをし、医療の発達による「人生百年時代」が到来しました。それに伴い、医療のありようも変化しました。高齢者が持病を抱えながらも、住み慣れた地域や自宅で自分らしく充実した尊厳ある暮らしを最期まで続けるために、「長い人生の生活を支える医療」が必要になりました。

国（厚生労働省）は、主に中学校区を単位として、「医療」「介護」「予防」「住まい」「生活支援」を一体的に提供する「地域包括ケアシステム」の構築を進めてきました。これにより、病状が悪化したときには一時入院し、回復後は速やかに元の暮らしに戻れるよう、地域で連携を図る体制が整いつつあります。さらに、介護などを必要としない「健康寿命」を延ばすために、〝百歳健康体操〟や、〝お口の健康づくり〟〝認知症予防〟など、さまざまな取り組みも開始されています。

このような状況のなか、看護師の活動の場は、病院だけに留《とど》まらず、さまざまな施設や訪問看護など多岐にわたり、その役割に大きな期待がかけられています。

看護職の強みは、患者に関する医療と生活支援の両方が分かるところです。医師の言葉を、地域で連携する多職種の方々に分かりやすく伝え、つなぐ役目も担っています。

高齢者の看護では、確かな知識・技術・判断力はもちろんのこと、高齢者のペースに合わせて待てるような、あたたかい、やさしい看護の心が求められます。そうした部分も看護師の担う役割と言えます。

こうした需要が増加する一方、現場は慢性的な人手不足に陥《おちい》っています。少子化で若者の数が減っていくなか、これから看護の道を志す人は、国の宝とも言える存在だと思います。ぜひ、みんなで支え、守り、育てていただきたいものです。

私自身の四十年の看護経験を振り返って思うのは、「病む人の幸せを願う看護の心」を持ち続けるなら、たとえ少々不器用でも、五年もすれば立派な看護師へと成長するものだということです。働き続けられる環境をしっかりと整えて、辞めずに成長していってほしいと願います。

また、結婚などを機に、看護の現場から離れている看護職の皆さん、いまは多様な働き方が工夫され、短時間で力を発揮できる場がたくさんあります。

現場復帰に自信のない人のために、看護協会では復職支援研修を行っています。人々の健康と幸福を守るために、どこかで力を貸していただければ、と願っています。

コロナ禍が長引くなか、看護職にはいつにも増してハードな勤務が強《し》いられています。それでも仕事を投げ出さず、患者を守り、頑張っておられる多くの看護職の方々に心から敬意を表します。

本書は、これまでの看護師人生で私が体験したことや、感じたことをまとめたものです。

現在、看護師として働いておられる方、これから看護の道を志す方、患者を支援するご家族が、この本を手に取って、何かの参考にしていただけるなら、このうえない幸せです。

もくじ

II

届け！ 看護のこころ

イラストレーション……小牧真子

I　忘れられない笑顔

A君の涙

天理よろづ相談所病院「憩《いこい》の家」では「人に尽くすことを自らの喜びとする天理教の精神」に基づいて医療が行われている。私は長年、この病院で看護の現場に立ち続けてきた。そんな「憩の家」らしい看護は？　と聞かれて、必ず思い出すのがA君のことだ。

A君は、まだ若い男性患者。原因不明のアレルギー反応が全身を襲い、皮膚《ひふ》や爪《つめ》が炎症ですべてはがれ落ちるという悲惨《ひさん》な状況だった。

未知の病に対して、院内・外の現代医療の知恵を総動員し、常に最善の方法を模索しながら治療が開始された。まずは感染を防止し、皮膚の再生を促す手当てが重要となった。はがれた皮膚や浸出液を洗い流し、清潔なガーゼに軟膏《なんこう》をたっぷり塗ったものを全身に貼付《てんぷ》し、テープと包帯で固定。それを毎日交換するのである。

交換時の苦痛を最小限にするために、痛み止めを使用し、寝たままで入れる特殊浴室で、シャワーを柔らかくかけ、「痛くない？」と尋ねながらゆっくりゆっくりはがしていく。安全に素早く洗浄するには、医師や看護師ら四、五人の手が必要であった。

その間、病室では、包帯交換の準備が職種を問わず手分けして行われる。ガーゼに軟膏をのばす者数人。別の者はテープをカットして、あらかじめ医療用ワゴンの周りに貼りつけておく。洗浄が終わると、A君がバスタオルに包まれてストレッチャーで帰ってくる。〝痛み止めが効いているうちに済ませてあげたい〟との思いで、皆が懸命に動いた。

　こうした治療の一方で、天理教の教えに基づいて患者の心のケアに当たる「*事情部講師（当時）」と看護師は、交代で一日六回、四時間ごとに「*おさづけ」を取り次ぎ、A君の回復を祈った。

　困ったことに、特殊浴室も毎日は使用できない。そこで一計を案じて、リハビリ用の浴槽「ハーバードタンク」をお風呂の代わりに使用する許可を得た。

　ある日、往診に来られた他科の医師が病棟を出ようとすると、看護助手がリハビリ室へ通じる廊下を這《は》いつくばって拭《ふ》いている。医師が訳を尋ねると「せっかくタンクを借りることができたのに、お水が落ちていてリハビリに行く人が転んだりしたら貸してもらえなくなります。そうなったらA君がかわいそうだから」と彼女は答えた。

その言葉に医師は感動し、「ライセンスのない助手さんでも、そこまで考えて行動している。自分も何か力になりたい。お風呂の時間になったら連絡してください」と、以後協力してくださるようになった。まるで病棟全体が一つの家族のようになり、時には冗談も飛び交う毎日の「お風呂」となった。

A君は紆余曲折《うよきょくせつ》を経て、奇跡的に家で過ごせるまでに回復した。退院のお祝いに、ご家族がバーベキュー大会を催され、医師、看護師、看護助手、事情部講師ら、治療に関《かか》

＊事情部……天理教の教えに基づいて、患者の心身の苦悩の解決支援に当たる部署。

＊おさづけ……病む人に取り次いで、回復のご守護を願う手立て。

わったみんなが参加させていただいた。

その席でのこと。A君は、

「いま、泣きたいくらい嬉《うれ》しいんやけど、涙が出ないからこれをさしておきます」

と、自分の血清から作った目薬をさして見せた。全身が炎症に侵され涙が出なくなっていたのである。アレルギー体質なので市販の目薬は使えなかった。

私は事情部講師に「A君の涙のご守護を頂くには、どうすればよいのですか?」と尋ねた。すると講師は「涙は水の守護。水は高い所から低い所に流れます。A君のたすかりを願う皆さんが、心を低くするよう心がけたら、ご守護いただけるのではないでしょうか」と答えられた。

ビールを頂いて気分が高揚していた私は、立ち上がって思わず叫んだ。「いまの話を聞きましたか。みんなで低い心になってA君の涙のご守護を頂こう! エイエイオー!」。すると即座に「エイエイオー!」と、みんなの声が返ってきた。

喜びに満ちた、たくさんの笑顔が焚《た》き火に照らされて輝いている。患者さんを思うスタッフの心が一つに集まった、忘れられない光景である。

来生への願いを込めて

天理教では、「人間の体は、この世と人間を創《つく》られた親なる神様からお借りしているものであり、死ぬときに神様へお返しする。しかし、魂は生き通しで、前生《ぜんしょう》での心づかいに応じて新たな体をお借りして、再びこの世に生まれ変わってくる」と教えられる。看護師たちは、「患者さんに少しでも良い〝生〟を送っていただき、たとえ亡くなられたとしても、来生《らいせい》に良い運命が授かる種となりますように」との願いを込めて、お世話に当たっている。

天理教の熱心な信仰者であるご婦人が難病になられ、入退院を繰り返していた。笑顔の素敵《すてき》なやさしい方で、同室の患者さんの悩み相談にも応じて、誰からも慕われていた。しかしある日、頭痛を伴う急激な病状の悪化で、意識不明となってしまわれた。

医師はご家族に、回復は望めず、厳しい状態だと伝えた。

ご主人は、最愛の奥さんの、あまりに急な容体の変化に驚き、嘆き悲しみ、枕元で奥さんの名前を呼び続けておられた。まだ中学生だった娘さんは、ただ茫然《ぼうぜん》とするばかりで、その衝撃の重さゆえ心身への影響が懸念された。

そこで、娘さんにお母さんと共に過ごす時間を大切にしてもらおうと、

「お母さんのケアを一緒にしましょう」

と声をかけた。彼女は初めは戸惑いながらも、

「旅行でお土産《みやげ》に買ってきたスカーフを持ってきて、着けてあげてもいい?」

と、おしゃれの提案も申し出るようになり、少しずつではあるが、穏《おだ》やかな雰囲気に変わっていった。

看護師は、事情部講師と共に、交代でおさづけを取り次ぎ、ご婦人の奇跡的な回復を懸命に祈った。しかし、願いは叶《かな》わず、およそ一週間後に息を引き取られた。

ご家族の悲しみの深さを目の当たりにして、医師も看護師も、無念さと無力感に打ちのめされた。

それから、ひと月も経《た》ったであろうか、当時の看護部長から呼び出しを受けた。

「あなたの病棟で亡くなられた患者さんのご主人が見えて、多額の寄付を置いていかれました。奥さんの急変に動転してしまい、どうしてよいか分からなかったときに、看護師たちが、意識があるときと同じように奥さんに声をかけて世話をしてくれているのを見て、

『ああ、まだ妻は死んではいない。生きているんだ』

と思えたそうです。そうすると、次第に気持ちが落ち着いてきて、奥さんが、

『ここの看護師さんには、本当にいつも良くしてもらっているの。お礼を渡そうとしても必ず断られるけど、いつかはお礼がしたいわ』

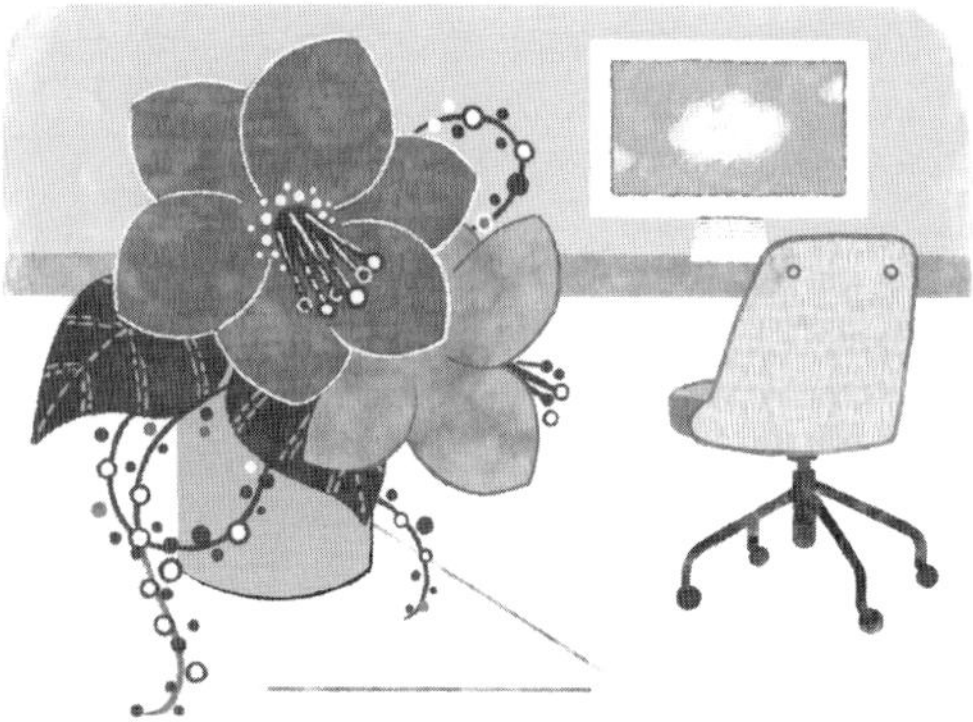

と話していたことを思い出され、その願いを叶えるために、私のところに来られたのです。

『必ず、あの病棟の看護師さんたちのために役立ててもらいたい』

と言われましたが何が必要ですか？」

思わず涙が込み上げた。ご家族の危機的状況に寄り添うことができたスタッフの看護援助を誇りに思うとともに、大きな温かいものに包まれる思いであった。まだ、つらい状況にあるにもかかわらず、私たちの心を救ってくださったご主人に、心から感謝するとともに、「奥さんは、来生きっと元気な体を神様から貸していただけるに違いない」と思った。

その後その寄付金で、当時は高価で、七階の研究室にわざわざ出向いて借用していた機能満載のコンピューターを、ナースステーションに設置してもらった。それからは、自分たちの病棟でさまざまなデータ整理や研究発表用のスライド作成等が可能になり、大いに助けられたのだった。

忘れられない笑顔

日本看護協会が主催する「看護の日」全国キャンペーンで、二〇一一年度から「忘れられない看護エピソード」を募集していた。病棟師長時代の部下、A看護師とたまたま出会い、

「『忘れられない看護エピソード』といったら、あなたが受け持った、あの患者さんのことが目に浮かぶわ」

と言うと、

「看護部長もですか！　あれから十年近く経《た》つけれど、私もあの日のこと

が忘れられないんです！」
と、即座に返ってきた。

A看護師が勤務について二年目、その患者、Bさんは「憩《いこい》の家」に入院された。二十代の男性で、バンド活動をしながら経済的に自立するために、食パンやうどんばかりの食生活で激しい肉体労働を続けていたところ、体重が急激に二〇キロ余りも減ってしまった。驚いて母親のもとへ帰り、栄養たっぷりの食事をしっかり取るようにしたが、なぜか身につかず、筋肉は痩《や》せるばかりであった。
入院後さまざまな検査が行われ、栄養が身体《からだ》に吸収されるようにと、あらゆる対策が試みられたが、進行を食い止めることはできなかった。衰弱によって足がもつれて転倒しやすくなり、ついには物を飲み込む力もなくなって、鼻から管を入れて栄養を補給するようになった。それでも低血糖発作を繰り返すため、高カロリーの点滴静脈注射を行うことになった。

どうして栄養が身につかないのか。院内各科の医師は合同カンファレンスを繰り返した。事情部講師と看護師は夜・昼を分担して、おさづけを取り次いだ。筋肉の衰えは激しく、自分で寝返りが打てなくなり、呼吸も抑制され、酸素吸入が必要となった。看護師は三人がかりでケアに当たったが、少し身体の位置を変えても、すぐに息苦しくなり、一回の動作に五秒と耐えられない。呼吸の様子を見ながら、休み休みのケアとなった。

誰もが残された時間は少ないと感じていた。

A看護師から、Bさんの母親が「最後にみんなで外へ散歩に行きたい」

と望んでおられると聞いた。なんとかその望みを叶《かな》えようと、病院の近くの公園へ最短距離で行けるルートを見つけ、安全に外出できるよう計画を練った。
移動手段はストレッチャーしか残されておらず、当日、大きい酸素ボンベを用意し、主治医も付き添って出発した。
ところが、予定の時間を過ぎても帰ってこない。不安になって迎えに行くと、白い歯を見せて、満面の笑みを浮かべたBさんが、みんなに囲まれて戻ってきた。A看護師の話によると――

春の訪れを感じる暖かな日だまりの公園に、母親と、仕事の合間に駆けつけた兄二人、親戚《しんせき》の方が集まった。Bさんは、きれいに咲く花を見ながら精いっぱいの笑顔を見せ、もう話すことはできなくなっていたが、

「きょうは最高、みんなありがとう」

と、その場で紙に書いて見せたという。集まったみんなが笑顔になり、一緒に記念写真を撮ったとのことだった。

その夜、A看護師が深夜勤務に出勤すると、Bさんの状態は急変していた。先輩看護師が静かに言った。

「泣かないで最後のお世話をしてね」

A看護師にとって、勤務に就いて初めての看取《みと》りであった。

お見送りのとき、「何もしてあげられなかった」と肩を落とす主治医に、Bさんの兄は抱きついて、お礼の言葉を述べた。

最後に最高の笑顔を見せてくれたBさんの思い出は、子育てをしながら懸命に看護の仕事を続けるA看護師はもちろん、関《かか》わったみんなの、いまも頑張り続ける力となっている。

梅を見に行こう！

「憩《いこい》の家」では、「病《やまい》は、人間を〝陽気ぐらし〟へ導こうとされる親神様《おやがみさま》*の手引きである」との天理教の教えに基づいて看護が行われている。陽気ぐらしとは、人間の親なる神様の思召《おぼしめし》のもと、世界中の人々が互いにたすけ合い、喜びに包まれて暮らすことをいう。

治療が奏功して良くなられる場合は、皆さん大変喜ばれ、「これからは、私も人だすけに貢献します」と言ってくださることも少なくない。しかし、難病や予後不良の病気を患う方が、陽気ぐらしへ心の建て替えを果たすのは、並大抵なことではない。その過程にいかに寄り添い、共に歩むことができるか……それが私たち看護ようぼく*の使命である。

梅の花がほころぶころになると、がんを患っていた女性患者Aさんを思い出す。Aさんのがんは全身に転移しており、抗がん剤治療が施されたものの、寝たきり状態となっていた。しかし、まだ食事を口から取ることができたので、いまが家で過ごせる最後のチャンスであろうと思われた。

娘さんに相談したところ、休暇を取って実家に帰り、介護できるとの返事だった。そこでAさんに、

＊親神様……この世と人間を創造し、いまもご守護くださる親なる神様。

＊看護ようぼく……ようぼくとは、親神様の陽気ぐらし世界建設の手足となる人材。

「治療も一応終わって、いまは点滴もないし、おうちで娘さんと一緒に、ご主人がお仕事から帰ってこられるのを、明かりを灯《とも》して待ってあげるというのはどうでしょうか」

と持ちかけた。すると、

「師長さん、私は主婦だから、ご近所の方が退院したのを知って訪ねてこられたときに、せめて玄関に立って応対できないと、家に帰る意味がありません」

とおっしゃった。

Aさんのがんは全身の骨にも転移しており、ほんの少しの衝撃でも骨折する恐れがあった。それゆえ「立って玄関まで歩いて応対する」という目標が達成できるとは考えにくかった。それでも、その願いに一歩でも近づくために、主治医に「リハビリを依頼していただきたい」とお願いした。しかし、若い主治医は体への負担を心配して、終末期のリハビリには否定的だった。

本来、リハビリの目的とは「人間らしく生きる権利の回復」だといわれている。終末期で寝たきりであっても、Aさんが人間であることに変わりはない。ましてや「魂は生き通し」とお聞かせいただき、共に陽気ぐらしを目指す私たちとしては、Aさんの希望をなんとしても叶《かな》えて差し上げたかった。

なんとか主治医の同意を取りつけ、リハビリが始まると、驚いた。それまでは、ともすれば暗い雰囲気であった病室が、笑い声も聞かれる明るい空間に変わったのだ。おのずと会話も前向きなものとなった。

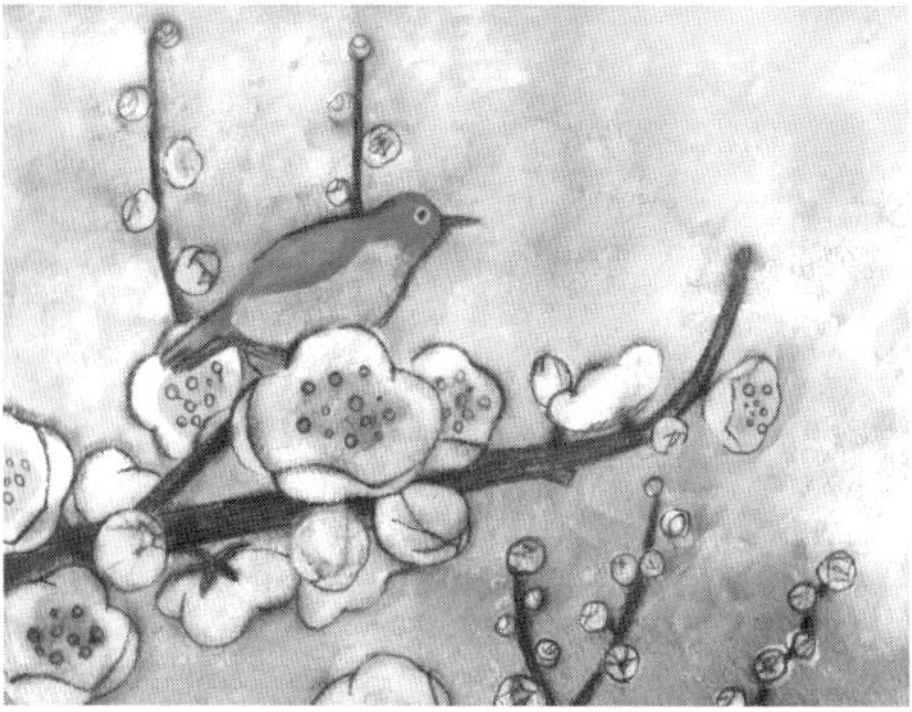

　そんななか、Aさんは「今年も梅を見に行きたいな」と呟《つぶや》かれた。Aさんにとって、おそらく最後になるであろう花見……。私たちは、Aさんのお花見を実現するために、試行錯誤の末、どこにも体をぶつけることなくAさんを乗用車に乗せる方法を編み出した。それは、シーツにくるんだ状態のAさんを、ストレッチャーから車内へ五人がかりでスルリと引っ張り込み、座らせるという方法だ。何度も何度もAさ

ん役のナースで練習を重ね、ついに、どこにもぶつけないところまで上達した。

お花見の当日、当初は「なにもそこまで……」と批判的であった主治医も出発に立ち会ってくださった。そして、無事に車に乗り込んだAさんのあまりの喜びように、思わず「私も行きたい！」と車に飛び乗られた。……が、一〇〇メートルも行かないうちに、さまざまな用事があることを思い出し、あわてて降りて病院へ戻られた。

いかなる状況であっても、喜べるのが陽気ぐらしであるならば、つらい闘病の日々においても、ほんの少しでも喜んでいただける看護を……と、私たち看護ようぼくは、今日も模索し続けている。

ちょっと立ち止まって

看護師を教育するときは、知識・技術・態度（心）が正三角形になるように育てねばならないといわれる。看護ようぼくの育成において、態度、すなわち看護を行うに当たっての心の目標《めどう》は、*おやさまのたすけ一条のお心である。おやさまの手足となる者として、恥ずかしくない自分であるか、常に問いかけなければならない。

患者さんは、病を得て心が研ぎ澄まされているので、自分のところへ来た人が、本当に自分のために来てくれたのか、それとも業務で来たのかを瞬時に見分けられる。たとえば、病室から看護師が出てきたばかりなのにナースコールが鳴ることがある。不思議に思って、

「さっき、看護師が来ていましたよね」

と尋ねると、

「ああ、あれは白衣が入ってきただけ」

との返事。白衣が点滴を取り替えに来ただけだから、ほかのことは何も頼めないというのである。

医療現場の状況は年々難しくなり、年若い看護師は、押し寄せる多重課題と時間切迫の嵐に対応を迫られる。次の、またその次の業務を頭のなかで段取りしながら働いていると、患者思いの看護よう

＊おやさま……天理教教祖・中山みき様のこと。

ぼくであっても、白衣のなかに自分自身を入れていくのを忘れるらしい。

心優しい看護師が擦《す》り切れてしまわぬ対策も必要となる。そこで取り入れたのが、「ドアノブ効果」である。これは、電車の車掌が車両を立ち去るときに（ドアノブに手をかける前に）、もう一度振り向いて全体を見渡し、用のある人がいないかを確認する方法である。これを看護の場面に応用して、一つの処置が終了し、ドアノブに手をかける前に、ちょっと立ち止まって、

「ほかに何か、お困りのことはありませんか？」

と声をかける。これで、遠慮がちな患者さんの思いを聞き出すことができ、二度手間もなくなり、満足していただけるのだ。

私が主任看護師だったころのこと、まだ若い難病の男性患者が入院されていた。血管が細くて点滴がなかなか入らないので、もっぱら私が点滴の針を刺す担当になっていた。その方は、肺の機能が侵されていて、いつもすごい努力呼吸をされていた。点滴が無事に入って立ち去る前に、私は尋ねた。

「何かほかに、してほしいことはありませんか？」

「主任さん、五分でいいから……息…代わって……」

無論、代わることはできない。〝でも、そのくらい苦しいのだ……〟。思わず立ちすくむ私に、その方は、

「冗談やで。時々様子を見に来てくれるだけで嬉《うれ》しい。夜中に目が覚めて、息苦しくて、このまま息が止まってしまうんじゃないかと怖くなる。でも、

夜勤の看護師さんは忙しいのが分かっているから『不安だからそばにいて』とは言えない。だから、わざとティッシュの箱などを落として用事を作ってから、ナースコールを押して来てもらっているんだ……」
と切れ切れの息で話された。
患者さんの本当の気持ちを知り、すぐに、病棟でカンファレンスを持った。若い看護師たちは、その方から夜間のナースコールが多いことに疑問を感じていた。それなのに、ベッドサイドへ行っても、落ちているものを床から拾い上げるといった用事が済むと、さっさと戻ってきてしまっていたのを反省した。

それからは全員が、夜間巡視のときも、そっとしばらくそばにいて、息づかいを見守るようにした。患者さんは薄目を開けて様子を見ておられたようで、夜間のナースコールが減った。そして、

「みんなが僕を見守ってくれているから、頑張るわ！」

と明るい表情になり、最後まで希望を持って病苦と闘われたのだった。

寄り添う力

重い病気や難病を抱えた患者さんの苦しみは、医学が進んだ現在でも、すっきり取り去って差し上げることができないのが実情である。病苦と闘う患者さんに、どう寄り添って力になることができるか……。看護ようぼくの真価が問われる。

さまざまな問題があるなかで、助言・指導・忠告・説得などで解決することは、すでに大した問題ではないと言える。解決が困難な問題を抱える患者さんに、どうしたら少しでも楽に生活していただけるかと、知恵を絞り、工夫を凝らす。何もできないときも、どこまでも共に歩む。

私が病棟の看護師長を務めていたころのこと。その方は下肢《かし》血行障害という病気で、足先に行く血管が細くなり詰まってしまって足の指が壊死《えし》を起こし、切り落とさなければならない状況であった。この病気は血液が行き渡らないために足がとても痛むので、患者さんは大変苦しまれる。布団などの掛け物が触れただけでも痛むため、段ボール箱の内側に柔らかいタオルを貼りつけて足をガードしたり、移動するときも細心の注意を払って介助していた。

手術は無事に終わり、血行を良くする薬を注射して血流は改善したはずなのに、痛みは治まらなかった。主治医は、効果の強い痛み止めの使用を指示された。さすがに効果てきめんなのだが、数時間すると、また痛みだす。四時間空ければ使用してよいという指示であったが、患者さんはその時間が来るのをじっと待っておられた。

看護師も前もって準備しているのだが、急なナースコールなどでほかの患者さんに呼ばれて、少しでも注射をするのが遅れようものなら、「私をないがしろにして！」と烈火のごとく怒られた。痛みのつらさは分かっているつもりでも、看護スタッフの間に、いつしか「あんな強い痛み止めは体に悪く、本当は長期に使ってはいけないのに依存してしまって。我慢のない、聞き分けのない患者さんだ」との批判的な思いが芽生えていた。

主治医も「血行障害は改善しているので、痛み止めから離脱できれば退院できる。できるだけ、注射の間隔を空けるように」と言われる。そのた

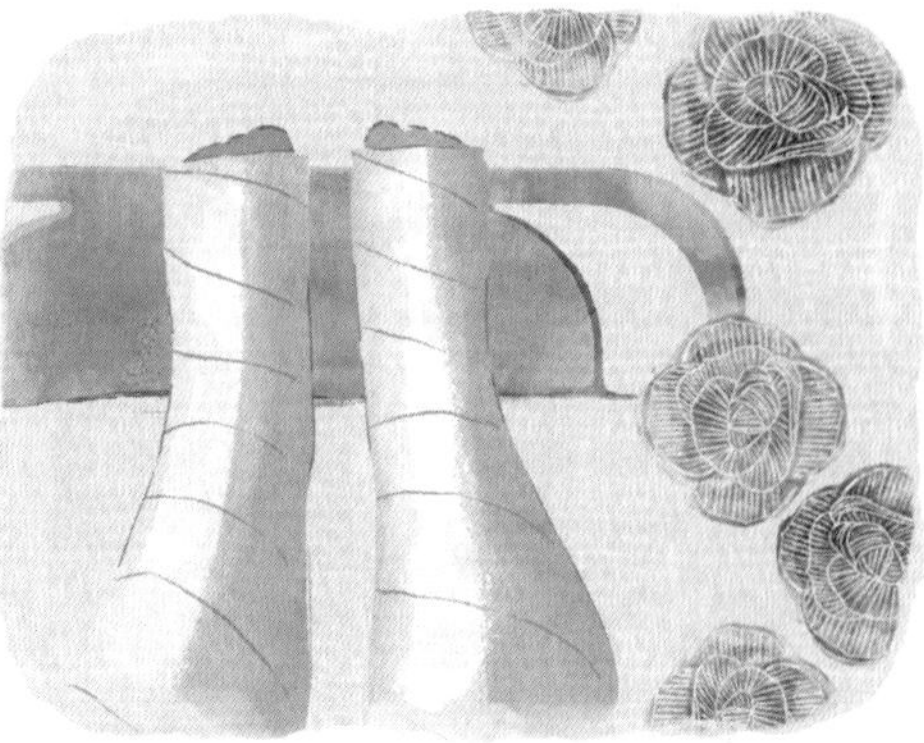

め、看護師と患者さんの関係は、痛み止めをめぐって、まるで敵味方のようなありさまとなってしまった。
　そこで、科学的な根拠には自信がないものの、昔から行っていたリバノール湿布を提案してみた。リバノールという黄色の消毒液でガーゼを湿らせ、長く伸ばしてからバラの花のような形に丸くまとめたものを痛む足にあてがい、油紙でカバーしておき、乾いたら交換するのである。「そんなの気やす

めですよ」と言う声も聞こえたが、まず、私がおさづけを取り次いだ後、患者さんの同意を得て処置を施した。

するとと処置を始めてから、患者さんとスタッフの関係に変化が生まれた。看護師は病室に行くたびに、「湿布、まだ乾いてないですかね？」と、足に貼り付けてある湿布の様子を見る。当然、「痛みはいかがですか？」と症状にも関心を寄せ、声をかける。それまでは、痛み止めをせがまれたくないためにその患者さんを避け、病室に行っても、できるだけ目を合わさないようにしていた者もあったのだ。

患者さんのほうも、湿布が始まって看護師たちが頻繁に来てくれるようになって、とても喜ばれた。

「みんなが旗を振って、私が良くなって退院できるのを応援してくれている。頑張らなければ」と、いつの間にか痛み止めの注射を希望する間隔が少しずつ延びていき、ついには退院が実現した。

おそらく、リバノールではなく、看護師たちの頻繁な訪問と優しい声かけに、大きな効果があったのだと思っている。

救われた命に喜びを

「憩《いこい》の家」の医療は、治療や救命だけがゴールではない。最高の医療で救命した方々に、陽気ぐらしに向かっていただけるよう支援することも重要な使命である。

毎年「こどもおぢばがえり」*が始まると、ある男性患者さんのことを思い出す。その方は、六十代で急性骨髄性白血病を発症し、緊急入院された。入院直後、重篤《じゅうとく》な肺炎を併発し、人工呼吸器を装着することになった。

熱心な若い主治医を中心に、医療チームの懸命な努力の甲斐《かい》あって、一カ月後には人工呼吸器を取り外せるまでに回復した。しかし、この間に、すっかり体力が衰え、食事も取れなくなり、点滴注射で栄養を補い、一日中ベッドで寝たきりの生活となってしまった。昼夜が逆転し、せん妄状態となり、夜になると大声で叫び、昼はウトウトするといった日が続いた。

予後不良の状態ではあるが、わずかでも元の自分を取り戻してもらいたいと願い、看護師たちはさまざまな働きかけをしていた。昼間はケアをしながら話しかけ、リクライニング機能付きの車椅《い》子《す》に座って過ごす練習も始めた。

ちょうどそのころ、「こどもおぢばがえり」が始まり、病室の

＊こどもおぢばがえり……夏休みに、奈良県天理市で催される天理教の子供フェスティバル。

外から、元気な鼓笛隊の演奏が聞こえてきた。すると、患者さんが「パレードに行きたい」と呟《つぶや》かれた。付き添っていた奥さんに伺うと、この方は毎年、信者さんの子供たちを連れて「こどもおぢばがえり」の夜のパレード見物に来ていたとのこと。きっと、パレードには特別の思いがあるに違いない。看護師たちは「懸命の治療で、やっとここまで回復された患者さんだから、ぜひとも望みを叶《かな》えて差し上げたい」と強く思った。

みんなで主治医に相談をした。「ええっ！　パレード見物ですか？」と戸惑う主治医に、「必要な手配や準備は、全部われわれがやります。診療部長に許可を取ってください。このままの状態では、何のためにここまで頑張ってこられたのか……」と熱い思いを伝えた。その勢いに押され、主治医も意を決して診療部長のところへ掛け合いに行ってくださった。

部長からは、「もし外で呼吸が止まっても、対応できるように責任を持つこと」という条件付きで許可が下りた。

緊張して、ぎこちなくなってしまった主治医を励まし、万が一に備えて、酸素ボンベのほかに、気管内挿管《そうかん》セットや人工呼吸に使うアンビューバッグなどの器材を準備して、リュックに詰めた。

まず、日勤の勤務を終えた看護師数人が場所取りに走った。計画を聞きつけ、夜勤明けや休日の看護師も駆けつけてきた。みんなで手分けし、患者さんの体力が消耗《しょうもう》しないよう、安全が守れるよう万全の準備を整えた。時間のロスがないように、車を出す時間も綿密に計画した。現地では車の侵入は禁止されているので、リクライニングの車椅子に移ってもらって移動した。

到着後、奥さんの姿が急に見えなくなったので心配していたら、総勢十一人にもなったスタッフに、アイスクリームを買ってきてくださった。一気に気分がはじけて、みんな笑顔になった。
パレードはすぐに始まった。いつもは車椅子に二十分も乗っていられなかった患者さんが、この日は一時間も座ることができた。出し物が通るたびに手を振りながら、パレードを楽しんでおられた。

状態も悪化することなく、病院に戻った患者さんは、「楽しかった！また行きたい」と話し、その夜から、ぐっすりと眠れるようになった。小康状態が続き、笑顔や会話も増え、奥さんと穏《おだ》やかな日々を送られた。

その後、男性が亡くなられた折、奥さんから「あの日、素晴らしいひと時を過ごさせてもらえて、本当にありがたかった」と感謝の言葉を頂いた。

わが身どうなっても

急性疾患や重症患者の治療を行う急性期病院では、患者の超高齢化や重症化、「高速度超過密回転」とも表現される在院日数の短縮などにより、大変厳しい状況が続いている。それはまるで嵐のなかを飛ぶ飛行機のようなもので、予定通りに、検査や治療が順調に進むとは限らない。

航空業界では、安全を守るために、CRM（コックピット・リソース・マネジメント）という手法を使っている。これは、乗客乗員の命を握っているパイロットに、飛行機が墜落《ついらく》しないよう、仲間同士で気がついたことを率直に言っていこうとする取り組みである。

病院での、パイロットの役目は主治医であるが、患者という飛行機を墜落させないために、各専門家がプロの目で正しい判断を下し、意見を出し合うCRMを取り入れ始めている。

とはいえ、相手が威圧的である場合や、自分の意見に自信が持てない者は、気がついても、なかなか発言しにくいときもあるようだ。


患者の最も身近なところでお世話をしている看護師は、医師やその他の医療スタッフに、患者の代弁者として発言する使命がある。どのような場面でも「わが身どうなっても」と、矢面《やおもて》に立って患者を守りきる姿勢が必要なのだ。「このようなことを言って後でにらまれたら……」などと尻込みをするようでは、「わが身かわいい」という心の域を出ない。「病む人を守るためなら、何も怖いものなどない」という勇気を持って、看護に当たらなければならないと思う。

看護学生や新人看護師は、忙しそうにしている医療スタッフを見ると、患者さんのことで相談したいと思っても、つい、「後にしよう……」と、ひるんでしまうことがある。でも後になったからといって、ゆとりのある時間がやって来ることはまずない。迅速《じんそく》に報告・相談をしないと、患者さんに重大な支障が及ぶことにもなりかねない。

また、患者さんの状態は刻々と変化する。たとえば、医師が昨夜に診察して、「これなら検査室へ行って検査をしても大丈夫だろう」と判断し、「車椅子《いす》で検査室へ」と指示を出したとしよう。夜中に状態が変化して、朝、検査に行くころには、とても動かせる容体ではないこともある。それに気づかず移動して、途中で急変することだってあるのだ。

だから看護師は、「いま、この患者さんを移動させても大丈夫か?」を見極める判断力が常に求められる。「医師の許可が出ていたからお連れしたのに」などという言い訳はできないのだ。

新人看護師には、「患者さんの状態は刻々と変化する。『いまは自分しか、その人の状態を見ている者はいない』ということを真剣に受けとめること。いつもと違う、何かおかしい、ほっておけないと感じたら、必ず報告し、相談をしなさい。間違っても、医師の指示が出ているから、そのままでいいと思わないこと!」と、自分の直感を大事にするよう、折にふれて指導してきた。

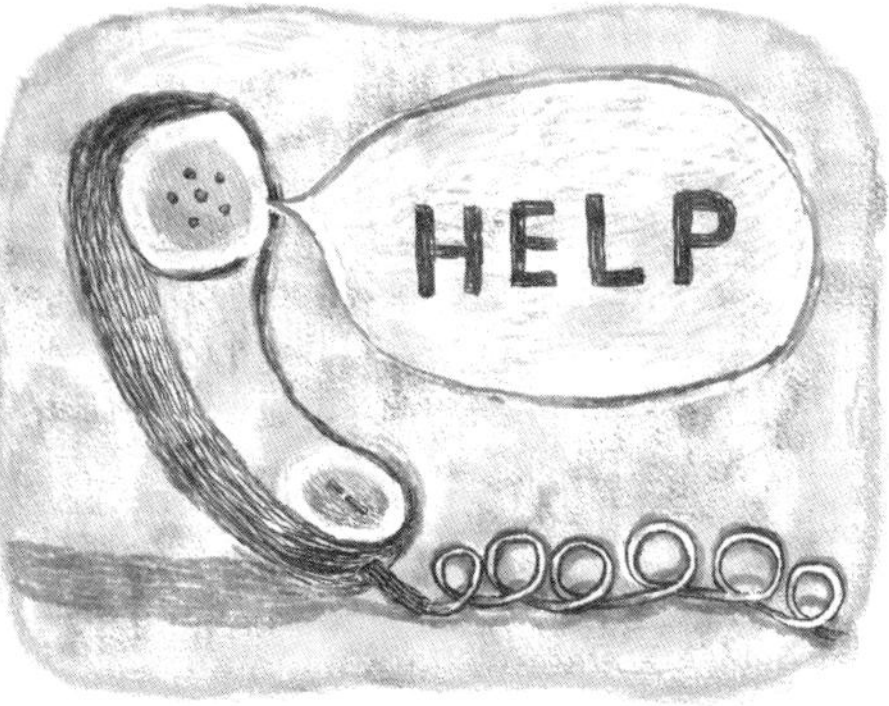

そんなある日のこと。夜勤の独り立ちを始めた新人看護師が、病室に行くと、申し送りよりも患者の呼吸が苦しそうであった。帰り支度の日勤看護師に聞くと、「あなたは初めて受け持つけれど、あの人の呼吸困難はずっと前から続いているのよ」と言われた。

しばらく様子を見ていたが、あまりに苦しそうなので見るに見かねて、ICU（集中治療室）にいる当直医師に電話をした。しかし、医師からは「その患者はずっと呼吸困難が続いている。いちいち電話してこなくていい」と言われ、思わず「いつもと違うんです！　すぐ来てください！」と大声を上げた。驚いた医師が駆けつけたところ、呼吸状態が増悪《ぞうあく》しており、すぐに人工呼吸を施して、ＩＣＵに入った。医師は「あのとき、あの新人看護師が怒鳴《どな》ってくれなかったら、患者を死なせるところだった」と、患者を守ろうとする勇気を讃《たた》えた。

口から食べる喜びを再び

食べることは、人間の最も大きな喜びの一つである。

食道がんで口から食事が取れなくなった高齢の男性患者さんが、涙ながらにこう話された。

「師長さん、食べられなくなってみて初めて分かったよ。わしら夫婦はブドウが好きでな。『ほれ、このブドウは美味《おい》しいよ』と、分け合って食べたことが最高の幸せだった。もう一度、家内と一緒に、美味しいブドウを食べたい……」

こうした当たり前の幸せを取り戻すための支援は、医療スタッフの大きな使命である。

脳梗塞《のうこうそく》や加齢で嚥下《えんげ》能力が落ちた場合、これまでは肺炎を恐れるあまり、誤嚥《ごえん》の兆候があると絶食にして、鼻腔《びくう》チューブや胃ろうで栄養を補給するのが一般的だった。

いま、漫然と食べることを禁止する風潮を見直す取り組みが始まっている。積極的に嚥下リハビリテーションを行い、口から必要な栄養や水分が取れるようになるまで、その間だけ補助的に鼻腔栄養などを活用するのである。

栄養が体内に入れば、どんな方法でも同じではないかと考える人もあるかと思う。ところが、口から食べることは、食べ物を美味しく感じるだけでなく、身体《からだ》にとって大きな意味があるのだ。

神が創《つく》りたもうた人体の働きは実に不思議である。まず、食べ物を見た段階から、消化吸収する準備が身体のなかで始まっている。唾《つば》が湧《わ》いてくるのも、消化するための準備である。口で噛《か》んでドロドロにすることで、スルッと飲み込みやすくなる。次に、食べ物が食道を通ると、胃腸が食べ物を受け入れる態勢が整い、順調に消化が行われる。ところが、いきなりチューブで胃に流動物を入れると、受け入れ準備ができていないので、下《げ》痢《り》をしてしまう。うまく吸収するためには、初めはごく薄いブドウ糖を、二十四時間かけて少しずつ入れて慣らす必要がある。

根気よく嚥下リハビリを続け、とうとう食事ができるようになった男性患者さんがおられた。

この方は脳梗塞で、手足の麻痺《まひ》とともに、強度の嚥下障害があった。当時は、嚥下リハビリがようやく普及し始めたころで、看護師は、さっそく熱心に取り組み始めた。

それは、凍らせた綿棒で口腔《こうくう》内を刺激するアイスマッサージをはじめ、口や舌の動きをスムーズにして飲み込む力を取り戻すための首や舌の運動や、「ラララ、パパパ……」と発声する練習など多岐にわたった。これらのリハビリを終えた後で、とろみを付けた水を飲み込む練習を一日三回行うのだ。しかし、主治医から「この方の症状は、『歩く嚥下障害』とも呼ばれ、歩けるようになっても、飲み込むことは難しいと思う」と説明があった。でも看護師たちは、回復の可能性を信じて続けた。

患者さんの一日は、点滴注射や注入食、検査や入浴介助、手足の麻痺に対する身体のリハビリもあり、大変過密なスケジュールである。嚥下リハビリを途切れなく行うためには、医師や関係部署の理解と協力が欠かせない。毎日、連絡を取り合ってはタイムスケジュールを細かに調整し、途切れることなく実施した。

成果はすぐには出ない。体調不良な日は、本人のやる気も失《う》せてくる。努力を褒《ほ》め、食べられるようになった人の例を話し、励ましながら希望を支えた。せめてものささやかな楽しみにと、アイスマッサージに使う氷の味を工夫した。お好みのスイカ味・おすまし味は好評だった。ビール味は、飲めるようになったときの楽しみに取っておくことにした。

こうして、ついに三十六日目にゼリーの嚥下が確認され、四十四日目にはミキサー食が食べられるようになった。こうして、必要な栄養と水分をすべて口から取れるようになり、六十日目に喜びの退院を果たしたのだ。患者さんの幸せを願う、看護スタッフの熱意の勝利であった。

あざやかな退院

いま日本は、世界でトップレベルの高齢化が進み、国を挙げて、さまざまな取り組みが進められている。なかでも、介護が必要となった高齢者が、住み慣れた地域で自分らしい暮らしを最後まで続けることができるようにと、看取《みと》りを含めた在宅療養が推進されている。

高齢者の在宅療養の話を聞くと、私が病棟師長をしていたころに出会ったAさんご夫婦のことを思い出す。

高齢の男性患者Aさんは脳梗塞《のうこうそく》で入院されていた。急性期治療も終わり、これ以上リハビリを続けても、さらなる効果は得られないと主治医が判断し、退院の話が進められていた。そのことで、お世話をしているお嫁さんから相談があった。

実は、Aさんの奥さんは、がんで別の病棟に入院されており、お嫁さんは舅《しゅうと》と姑《しゅうとめ》の二人を世話するために、二つの病棟を行き来していたのだ。

「義母《はは》は、がんの末期でかなり状態が悪く、退院は無理でしょう。最期なので、私もできるだけそばにいてあげたい。いままでは、義父《ちち》が同じ病院に入院していたので、病棟を行き来してお世話ができたけれど、退院するとなると、家で一人にできないし、どうやって二人の世話をしていけばいいのか、途方に暮れています……」と、打ち明けてくださった。

Aさんは、リハビリが進んでからは、奥さんの病棟へ車椅子《いす》で面会に行っておられると聞いてはいたが、これほど深刻な状態であることを初めて知った。

このピンチを乗りきるための方策を思案した。奥さんの余命が幾ばくもないのであれば、できるだけAさんを奥さんのそばで過ごさせてあげたい。

そこでまず、Aさんの主治医に奥さんの状態を伝え、退院を少し待ってもらうよう了解を得た。次に、奥さんの主治医に、奥さんを私の管理する病棟へ移していただけないかとお願いした。自身の専門病棟から、違う診療科の病棟へ診察に出向くのは、主治医にとって負担になる。しかし「病棟が変わっても、看護がしっかりしていれば問題ありません。ちゃんと診察に通いますよ」と、了解していただいた。

幸い、Aさんは二人部屋に入院中で、一つの部屋を夫婦で使っていただくことにした。

奥さんが移って来たので、様子を見に行った。移動に関《かか》わった看護師たちは、二人のベッドの内側の柵《さく》を取り外し、ぴったりくっつけて離れないように紐《ひも》でくくりつけ、しっかりと固定しているところだった。

「もう、どうせならベッドもくっつけて、お互いのお顔がよく見られるようにと思いまして。お二人も、そのほうがいいと言われますので……」

若い看護師たちの粋《いき》な計らいに、集まったご家族から笑顔がこぼれた。当人たちは少し照れながらも、嬉《うれ》しそうに顔を見合わせておられた。

お嫁さんは、二人が一緒の部屋になったので、泊まり込みでお世話をしたいと申し出た。そして「師長さん、ありがとうございます。義母が旅立った後は、必ず義父を家で介護しますから……」と話された。

しばらく経《た》ったある朝、出勤すると、Aさんの奥さんが亡くなられていた。すでにAさんの姿はなく、荷物もすっかり片づいている。夜勤の看護師の話によると、ご家族が「父もお葬式に出してあげたいので、一緒に連れて帰ります」と申し出られ、急遽《きゅうきょ》、Aさんも退院になったとのこと。

葬儀など諸々《もろもろ》の行事が終わり、落ち着いてからの退院だろうと考えていた私は、鮮やかに約束を守られたお嫁さんに、「あっぱれ！」とエールを送りたい朝であった。

現在は、がん患者であっても在宅療養の支援が格段に進み、自宅での看取りも可能である。もし、いまなら、かのお嫁さんは、どう活用なさっただろうか。

おにぎりの力

脳梗塞《のうこうそく》を患って自宅療養していた義母《はは》が、風邪《かぜ》で体調を崩したときの話である。

もともと喘息《ぜんそく》持ちなので、インフルエンザの予防接種も早々に済まして用心していたのに、デイサービスから帰ってきた様子がいつもと違っていた。息が荒く、足の進みがゆっくりで、玄関の踏み板を上がるのもひと苦労の様子だった。熱もあったので、かかりつけの医師に連絡し、前もってもらっておいた風邪薬を飲ませて、ベッドで休んでもらった。

これまでは、体調のすぐれないときでも、家のベッドで食事をすることはなかった義母だが、今回は起きられなかった。少しでも体に力をつけてほしいと思うが、お粥《かゆ》が嫌いで食べたことがない。大好きなうどんを作ってみたが、箸《はし》が出ない。リンゴを小さく切ったり、むいたミカンを用意したりしても、ほんの少ししか口にしない。箸やスプーンを使うこと自体が、つらそうに見えた。

そこで思いついたのが「おにぎり」である。

この思いつきの元は、ある看護学生が実習で見せてくれた、素晴らしい実践の記憶である。

私が病棟の看護師長をしていたころのこと。心臓の手術を終えた高齢の

女性の看護を、その看護学生が受け持つことになった。手術は成功したが、患者さんの食欲はすっかり失《う》せてしまった。

食事が取れないと、手術後の傷を治すための栄養が不足し、貧血も悪化して回復に大きく影響する。やむなく点滴で栄養を補った。しかし、心臓の悪い人にとって、水分は心臓の負担になるので、点滴も多くは入れられない。なんとか口から栄養を取ってもらいたいのだが、減塩食なので余計に食が進まない様子だった。

その看護学生は、患者さんがおかきを好きだと聞き出した。残念ながら、おかきは塩分が多いので食べてもらえない。知恵を絞り、減塩食を利用して焼きおにぎりを作ることにした。小さいおにぎりを作って、お膳《ぜん》に付いてくる減塩醤油《しょうゆ》を表面に丁寧《ていねい》に塗り、オーブントースターで焼いた。

それを患者さんにお持ちしたところ、醤油の焦げた香ばしい匂《にお》いに誘われてか、「食べてみる」と言われた。そして、おにぎりを二つも食べることができたのだ。患者さんはその後、食欲が出てきて、見る見る回復された。

後日、その方が私にこう話してくださった。「師長さん、あの学生さんが作ってくれた焼きおにぎりを食べて、私は食にありつくことができました。おにぎりで力がついて、それからほかの物も食べられるようになったんです。あの学生さんは命の恩人です！」

私も義母におにぎりを作ってみることにした。小さめに握って好物のノリを巻き、お絞りを添えて、手でつまめるようにした。ベッドに運んでいくと、義母は、「美味《おい》しそうやな。これなら食べやすいわぁ」と嬉《うれ》しそうな顔で、ゆっくりではあるが、三つ全部食べてくれた。これで弾みがついて、少しずつおかずにも手が出るようになり、元気になっていった。

私が四十年もフルタイムで看護師として勤務を続けてこられたのは、義母が二人のわんぱく息子の守《も》りをしながら、家事をこなしてくれたからである。

「あんたがいてくれて良かったわぁ。ありがとう」

義母の言葉に、思わず涙ぐんでしまった。ほんのちょっぴりではあるが、恩返しができたただろうか。

幸せな気持ちを運んでくれた、「おにぎり」バンザイ。

お別れに必要だった時間

いま日本は、超高齢・多死社会を迎え、就活ならぬ「終活《しゅうかつ》」が話題に上り、エンディングノートを準備する人も増えている。とはいえ、急性期病院で高度な治療を望む人も、在宅で穏《おだ》やかな尊厳死を望む人も、臨終の時期については、神の思惑《おもわく》にゆだねるしかあるまい。

自らの死について、「ピンピンころり」を望む人は多い。しかし、家族のこととなると、急な病状悪化を受け入れられず、本人の意思に反する医療処置を望むことがある。それはかえって、本人にとっては苦痛なだけということも少なからずある。

家族が元気なうちに、「いざというとき、どうしてほしいか」を話し合っておくことをお勧めする。そして、そのときに心残りがないよう、日々、十分に心を尽くしておきたいものだ。


これは私がまだ若いころ、病棟勤務で体験した話である。

悪性の血液疾患《しっかん》で入院中の男性患者Aさんが、突然、大量吐血《とけつ》し、意識不明になった。主治医は、これ以上の延命治療は無効と判断し、呼吸が停止したら、そのまま看取《みと》る方針を決めた。それは、Aさん自身から「いよいよ治療の効果がなくなったときは、無用な延命治療はやめてほしい」と頼まれていたからだった。

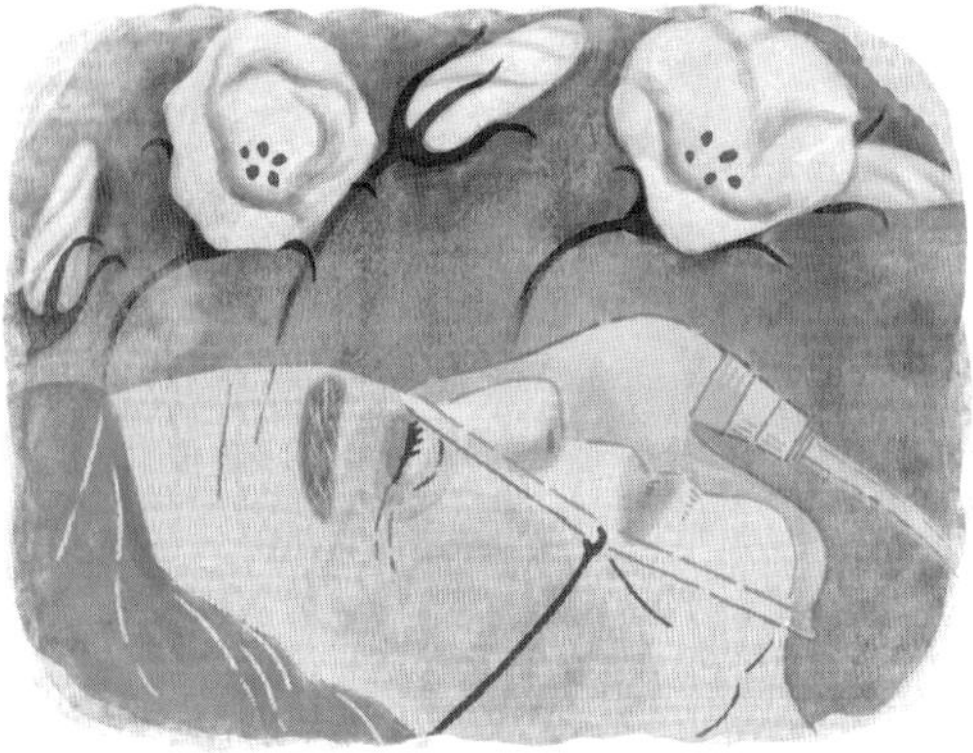

ところが、ご家族は、すぐにはこの方針を受け入れることはできなかった。迷っているうちに、Aさんの呼吸が止まってしまった。
主治医は急遽《きゅうきょ》、気管内挿管《そうかん》を実施した。しかし、人工呼吸器を取り付けることはせず、アンビューバッグでの人工呼吸を始めた。そして、ご家族に「このアンビューバッグを押して、空気を送り込んでいるうちは命がつながります。でも、やめてしまえば心臓も止

まってしまう。あなた方は、Aさんに空気を送り込む、この作業を続けますか？」と言葉をかけた。

集まったご家族は、「やります！　やらせてください」と口々に返事をした。

ご家族は順番にアンビューバッグを押した。この動作は、一回ごとにそれほど力はいらないが、繰り返していると手の筋肉が疲労してきて、長く続けられない。経験豊富な医師や看護師でも、救急蘇生《そせい》の現場では、お互いの疲労の様子をうかがいながら声をかけ合って交代する。

そのご家族は、なんと一晩中、交代でアンビューバッグを押し続け、父であり夫であるAさんに話しかけた。

朝が来て、主治医がベッドサイドを訪れると、Aさんの長男が、こう話された。

「先生、自分たちはアンビューバッグを押させてもらって、父としっかりお別れができました。もう思い残すことはありません。あとは、神様にお任せしたいと思います」

朝の出勤で集まってきたスタッフも、交代でアンビューバッグを押してAさんに労《ねぎら》いやお別れの言葉をかけさせていただいた。その後、主治医から最後の人工呼吸を受けた後、Aさんは静かに臨終を迎えられた。


この一夜の人工呼吸は、ご家族がAさんとお別れをするために必要な時間であった。もし、主治医が人工呼吸器を取り付けていたら、このような濃密な別れの時を持つことはできなかったであろう。

当時の若かった私には、人工呼吸器を取り付けない主治医の考えのすべてを推し量ることはできなかった。いまは、その思いを深く嚙《か》みしめている。

Ⅱ

届け！ 看護のこころ

澄みきった心を映せますように

　奈良県看護協会会長という役職柄、県下の看護学校の行事に参列する機会がある。そんな折は、天理看護学院の最後の二年間に指導した学生たちに思いを馳《は》せる。同校は、二〇一二年に新設された天理医療大学への統合に伴って閉校、最後の卒業生を送り出して、はや二年が経《た》つ。

　看護学校の就学期間は通常三年間。しかし社会の高齢化に伴い、在宅看護などのカリキュラムが増え、どの学校でも授業の絶対数が不足している。天理看護学院の学生たちも、歯を食いしばって過密なスケジュールをこなしていた。

ともするとくじけそうになる日々のなか、彼女たちを支えるものは、実習先の天理よろづ相談所病院で指導してくれる先輩ナースの姿だった。

「あの病棟の看護チームはすごい！　忙しいなかでも、本当に患者さんのためになることを考え、一生懸命に尽くしておられるんです！」

学生たちは、先輩看護師の姿に心を震わせ、自らもそうなりたいと願い、実習で受け持つ患者さんに少しでも喜んでいただけるよう、懸命に取り組み、真心を尽くしていた。

そんなある日、一人の患者さんから天理看護学院に手紙が届いた。「受け持ってくれた看護学生が真摯《しんし》に実習に取り組む姿に感動し、闘病意欲をもらった」という文面とともに、自作の歌を収録したＣＤが添えられていた。その歌の一節――。

♪誰よりも丁寧《ていねい》に　巻いてくれたマンシェット
何度も名前を確かめて　薬を渡してくれた……
僕の心を暖めてくれた　グリーンのストライプ

マンシェットとは血圧を測る際に腕に巻く布のこと、グリーンのストライプは学生たちが着用する緑の縞《しま》模様の実習服のことである。CDの歌は、その患者さんが真心を込めて作ってくださった、看護学生たちへの賛歌だった。

さっそく、このCDを学生たちに聴かせた。それぞれ自分の看護に自信が持てず、悩みながら実習を続けている最中である。たちまち、皆の目に涙があふれて止まらなくなった。

たとえ未熟な看護学生でも、血圧測定のマンシェットを巻くやさしい手から、患者さんを大切に思う心を伝えることができる。看護の原点を再認識させられるエピソードだった。

天理看護学院は、天理教の信条教育に基づいて、高度な知識・技術の習得とともに、人に尽くすことを自らの喜びとする看護師を養成することを目的としている。それゆえ、実習のない日は、始業前に天理教教会本部の神殿で参拝することから、学生たちの一日は始まる。私はその際、「朝のひと言」と題して、毎回一分ほど、看護の心の置きどころについて話をさせていただいた。たとえば――。

「よく『人は鏡である』と申します。どういうことかと言うと、相手の嫌《いや》な面が見えたら、それは自分の姿が映っていると考えるのです。そうすると、相手に不足する前に、鏡に映った自分の姿を正すことが大切だということになります。

これを逆に考えると、看護する者が朝の参拝によって心のほこりを払い、心清らかに病む人に接するなら、看護師の澄みきった心が病む人の心の鏡に映って、病の元となる心が洗われていくのではないでしょうか。病む人の心に、いつでも清らかな心を映せる人になりましょう」

これは、私自身が大切にしている思いでもある。先の看護学生たちへの賛歌は、学生たちがそれを体現してくれた姿だと思っている。

やがて彼女たちは卒業を迎えた。入学から卒業まで、毎回欠かすことなく参拝してくれた七人の学生に、ささやかな「参拝皆勤賞」として、桜模様の小さな鏡を贈った。

「いつも笑顔と澄みきった心を映せますように」

との願いを込めて……。

笑顔の効果

あるとき、「『すきっと』を読みました！」という女性から、突然連絡を頂いた。その方は「憩《いこい》の家」に入院中に『すきっと』を手にし、私のエッセイに興味を持ち、これまで掲載したものをすべて読んでくださったとのこと。そして、彼女が所属しているボランティア団体の講演会で、ぜひ話をしてほしいと依頼された。

その団体は長年、家庭教育をテーマに活動を続けていて、講演会を毎年開催していた。

会の趣旨を聞いて、「自宅が家族の居場所になるように」と考え、講演のテーマを「居心地の良いわが家に……」と決めた。子供、配偶者、病気の家族、お年寄り、そして自分自身にとって居心地の良い家庭にするためのあれこれを、時間いっぱいお話しさせていただいた。

そのなかで、上機嫌で暮らす方策として、笑顔が〝幸せホルモン〟の分泌を促すという話をした。口角を上げて笑顔をつくると、脳が「この人はいま楽しいんだ！」と判断し、〝幸せホルモン〟と呼ばれるセロトニンが分泌されて、本当に心も体もイキイキと幸せになるという話である。

私が定年まで勤めていた「憩の家」では、開所当時から「笑顔と親切」をモットーにしている。私が四十年以上、どんな困難にもくじけずに歩み続けてこられたのも、笑顔のおかげかもしれない。

当時の理事長は、院内の鏡に「チェック　ユア　スマイル」と記したシールを貼ってくださった。また、出勤時に笑顔がチェックできるようにと、笑顔の点数が表示されるモニターも設置された。みんなで競って測定し、満点の笑顔を心がけたものである。

講演を聞いてくださった方のなかに、とても美しいキャリアウーマンがおられた。講演の前に控室でお話しした際に、「仕事場で後進の指導に難渋しています」と、厳しい表情で話しておられた。

後日、別の式典で彼女とばったり出会った。輝くばかりの笑顔で、「先日は本当に良いお話を聞きました。職場の者にも伝えています。あれから笑顔も心掛けています」と話された。

その姿は、前回お会いしたときにも増して、花が咲きほこったように華

やかで美しく、思わず見とれてしまうほどだった。きっと部下の方々も、以前にも増して敬愛の念を抱かれているのだろうと想像した。

今年もまた、「好評につき、第二弾をお願いしたい」と講演の依頼を頂いた。今回のテーマは、「お話を聞いてくださった方々を中心にして、幸せの輪が広がっていけば……」と考え、「しあわせに暮らそう！」に決めた。

高齢社会にも考慮して、幸せホルモ

ンを分泌させる暮らし方のほかに、健康寿命を延ばす方法、睡眠について、認知症の予防、心明るく生きるためのあれこれをお話しさせていただいた。

年を取って身体《からだ》が十分動けなくなっても、人を喜ばせることができるということを体験していただくために、「必殺！　褒《ほ》め地獄」というゲームをやっていただいた。

長机に座る三人を一組にして、それぞれ順番に、一人をほかの二人が褒めて、褒めて、褒めまくる。時間は一人当たり二分。タイマーは私が担当。「ハイ、次！」と声をかけるまで、その人の容姿でも、性格でも、日ごろの行いでも、嘘《うそ》以外は何でもいいので褒めちぎるのだ。三人分、合計六分間、会場全体に笑顔がはじけた。

閉会の挨拶《あいさつ》で、司会者が、「きょうは、会長さん方お二人に『褒め殺し』

をしていただいて……」と嬉《うれ》しそうにおっしゃるので、「『褒め殺し』では
なく、『必殺！　褒め地獄』ですよ」とツッコミを入れて笑いを取った。
『すきっと』を通じて、幸せの輪が大きく大きく広がっていくのを感じた。

心を尽くすと

奈良県看護協会の代表として、県内の有識者らが集う会議に出席したときのことである。たまたま隣り合わせた女性と名刺を交換した。問われるままに「現役のころは、天理よろづ相談所病院に四十年ほど勤めていました」と言葉を添えると、「私、天理の病院には大変お世話になりました。看護師さんがみんな親切ですよね」と、嬉《うれ》しそうに話された。

二十数年前、出産して間もないころ、子供さんの状態が悪くなり、救急搬送されたのだという。

「病院に着いてから、何がなんだか分からないまま、不安で胸が押しつぶされそうになって、ホールで泣いていたんです。そこへ、メガネを掛けた看護師長さんが来られ、横に座って、『大丈夫ですよ。ここには、心臓の悪い子供さんたちがたくさん入院していますが、みんな頑張って良くなっています。幸い、あなたの子供さんの心臓病は軽いものです。先生方が、ちゃんと治してくださいますよ』と、背中をなでて慰めてくださいました。真っ暗だった目の前に、やっと明かりが見え、救われました。あのときのことは、いまでも忘れていません」

その話を聞いて、ドキッとした。実は、私は長い間、心臓病の患者さんが入院される病棟で勤務していたのだ。その方の子供さんが入院された年を伺うと、私が病棟師長をしていた時期と一致した。

「そのメガネの看護師長は……たぶん、私です……」
そう打ち明けると、「まあ！　なんという巡り合わせでしょう！」と驚かれたが、すぐに会議が始まり、話は中断した。会議終了後も、彼女は興奮冷めやらぬ様子だった。
「恩人を探してもらうテレビ番組を見るたびに、『私もいつか、あの看護師長さんを探してもらってお礼ができたら……』と思っていました。こんな偶然があるなんて……。私もあれから、自分も誰かの役に立ちたいと思って頑張ってきたんです」

申し訳ないことながら、そのときのことが全く思い出せなかった。思い出すのは、患児の母親から苦情を頂いたりした、つらい場面ばかり。たくさんの患者さんが入院され、心臓カテーテル検査や手術を受け、緊急あり、急変ありの嵐のような毎日。「もう少し看護師がいれば、十分な看護ができるのに」と何度思ったことか――。

そんな日々のなかの出来事だったのだろうが、その方がずっと忘れずにいてくださったのに、自分が全く覚えていないことに恐ろしさを感じた。けれども、「憩《いこい》の家に来られた方には、絶対に喜んで帰っていただこう!」との思いで、その時々にできる限りのことを、自分なりにさせていただいてきたつもりだ。自分では忘れてしまっていても、親神様はちゃんと受け取ってくださっていたのだろう。そう思い直して「良かった……」と、胸をなでおろした。

にちにちに　心つくした　ものだねを
神がたしかに　うけとりている
神がたしかに　うけとりている

（おうた7番『心つくしたものだね』）

この「おうた」が、自然と心に浮かんだ。
時間切迫、多重課題が迫りくる臨床現場で、いまもあえぎながら、より良い看護を追求している後輩たち。大変だろうけれど、目の前の患者さんに心を尽くすことを忘れなければ、きっと大丈夫！

帰りのバスで、杖《つえ》をついた高齢の婦人に席を譲った。「私、バスはあまり乗ったことないの。どうやって支払うの?」と不安そうにおっしゃる。やがて、駅に到着。両替をして支払いを済ませ、バスを降りるところまで付き添わせていただいた。

「奥さん、ありがとう! ありがとう!」

ほのぼのとした気持ちに胸が満たされた。この出会いに感謝した。

「親神様、幸せをありがとうございます。看護ようぼくとしての病院勤務は卒業しましたが、これからも毎日の出会いを大切に、人さまに尽くしていきます……」

さわやかな風が、駅舎を吹き抜けた。

幸福な生活とは

「徳川家康は『人の一生は重荷を負うて遠き道を行くがごとし』と言ったが、全くその通りだなぁ……」

私が「憩《いこい》の家」看護部長時代の院長は、病院の重責を担う心境をこう語られたことがあった。朝は誰よりも早く出勤されるので、それを見習って私も早く出勤する癖《くせ》がついた。四十年余りの看護師生活で身についた朝起きの習慣は、定年後も変わらず、実に健康的である。

しかし、看護師としての臨戦態勢は、なかなか解くことができなかった。

「いつ、緊急の連絡が入るかもしれない……」という緊張感が消えず、常にアンテナを張り巡らせる状態が続いた。一年ほどかけて「もう、あの臨床現場に出なくてもよくなったんだよ」と自分自身に言い聞かせ、やっと自分を解放することができた。
長年の憧《あこが》れだった、平日のよく晴れた日、日の当たる時間帯に洗濯物を干す。（それまでは暗いうちに干して出勤し、日が暮れてから取り込む日々だ

った）

お日さまのもと、さわやかな風が吹いて木の葉がキラキラしている。

「平和だなー、もったいないなー。幸せだなー」

つくづく平穏な日々を味わった。

その後、奈良県看護協会会長の重責を頂いたが、おかげさまで平穏の心は続いている。

そんな折、「物理学者アインシュタインが書いたメモ二枚がオークションにかけられ、約二億円で落札された」というニュースを耳にした。

アインシュタインは一九二二年に講演のため日本を訪れ、滞在していたホテルのボーイに、チップの代わりとしてこのメモを手渡した。そこにはドイツ語で、

『静かで質素な生活は、絶え間ない不安に縛《しば》られた成功の追求よりも多くの喜びをもたらす』

と記されていたという。

その言葉は、定年直後のあの心理状態の変化を思い出させた。

私は中学卒業と同時に、天理の学校で、おやさまのお心を胸に、病む人に尽くす「看護ようぼく」となるべく、特別なコースで教育を受けた。その後は、「憩の家で高度医療を受けられる患者さんに、少しでも喜んで帰っていただこう」と、看護に全身全霊を打ち込んできた。

決して自らの「成功の追求」のために取り組んだのではなかったが、患者さんの安全を守り、年若いスタッフがミスなどを起こさないよう指導し目配りする毎日が、「絶え間ない不安に縛られた」日々であったのは間違いない。信仰を持ち、親神様《おやがみさま》、おやさまという心の拠《よ》り所《どころ》がなければ、定年まで勤務を続けられなかったかもしれない。

でも、「もし初めから静かな生活をしていたら、いまのような心穏《おだ》やかな暮らしができていただろうか」とも思う。ひょっとすると、小さなことをクヨクヨと思い煩《わずら》ったり、家族にチクチクと嫌《いや》みを言いながら暮らしていたかもしれない。

人生のなかで、わが身を投げうって人に尽くす仕事に打ち込む時期があったからこそ、それが終わったとき、「静かで質素な生活」に「多くの喜び」を味わうことができたのではないか。

これまで多くの病む人々に接してきた。いま、こうして健康であることが、どれほどありがたく、奇跡的なご守護の賜物《たまもの》であるかは、身に染みて分かっている。健康な余生を頂けた幸せを、一日一日味わって暮らしたい。

人々の穏やかで幸福な生活を守るために、医療をはじめとするさまざまな現場で働く人は、ストレスの多い厳しい毎日を送っておられることだろう。でも、それこそが、いずれは自らの幸福につながることは確かだと思う。

病院勤務時代に苦楽を共にした〝共に戦う戦士〟であった仲間たち、お世話になった上司の方々に、穏やかで喜びに満ちた日々が訪れていることを願ってやまない。

歯を食いしばると…

かかりつけの歯科医院から、半年ごとの定期検診の案内状が届いた。いつもは詰め物が外れたりしないかぎり、受診しないのだが、今回は素直に受けてみることにした。というのも、最近参加したイベントや研修会で、高齢者の「お口の健康」が繰り返し取り上げられており、その大切さを再認識したからである。

いま日本は、世界が経験したことのない超高齢社会を迎えようとしている。二〇二五年には、戦後のベビーブーム生まれの「団塊《だんかい》の世代」が、七十五歳以上の後期高齢者となるからだ。

本来、長寿は喜ばしいことである。しかし、せっかく長生きしても、寝たきりや介護が必要な生活になってしまっては残念である。現在の日本では、男性で九年、女性で十二年の介護生活を余儀なくされるといわれる。元気で自立した生活ができる「健康寿命」の平均は、男性七十二歳、女性七十五歳。この健康寿命を延ばそうと、さまざまな介護予防の取り組みが始まっている。

その一つが「お口の健康」である。お口のトラブルを予防して、いつまでも「口から食べる幸せ」を味わってもらい、元気に過ごしてもらおうというものだ。

医師、歯科医師、歯科衛生士、摂食《せっしょく》・嚥下《えんげ》障害看護認定看護師、栄養士

など多職種のエキスパートがチームを組んで、各地で熱心に活動を展開している。
年を取ると唾液《だえき》が減り、口のなかで細菌が繁殖してしまう。食べ物を飲み込む力も衰え、むせたりして肺炎の原因となる。また、虫歯や歯周病で物を噛《か》めなくなると、必要な栄養が取れず、衰弱につながる。「お口の健康」は、全身の健康に大きくつながっている。
私は若いころは虫歯もなく、歯科医

のお世話になることなく過ごしていた。四十代のある日、歯茎が腫《は》れて痛みだし、歯科を受診。虫歯はなかったが、歯と歯茎の間をきれいにできていなかったので、歯周病が発生したのだった。初めてブラッシング指導を受け、それ以後は手入れを怠《おこた》っていない。

今回の定期検診の結果、「よく磨けていますし、歯は大丈夫です。ただ、歯茎に負担がかかって赤くなっています。歯を食いしばる癖《くせ》がありませんか?」と尋ねられた。

さらに、「しっかり噛むことは、栄養を取る助けになり、認知症の予防にもなるので大切です。でも通常、何もしていないとき、上の歯と下の歯は触れ合っていないものです。食いしばることによって、歯や歯を支える骨や筋肉に力がかかって、せっかく治療した詰め物が外れたり、歯の根元がすり減ったり、歯がぐらついたり、知覚過敏、肩こり、頭痛などを起こす恐れがあります。テレビを見ているときや、考えごとをするときなど、できるだけ歯を食いしばらないで、少し離すよう意識してみてください」と指導を受けた。

言われてみると、何かしているとき、知らぬ間に歯を食いしばっているのに気づく。これはある種の〝生活習慣病〟だ。看護師の職業病かもしれない。ストレスの多い看護管理者が、よく歯茎を腫らして歯科を受診していたのを思い出す。

私たちの体は、人間の親なる神様からの借りものと教えられる。「体を使わせていただくに当たり、歯を食いしばって物事をすることを、親神様はあまりお喜びにならないかもしれない」との思いに至る。

人が歯を食いしばるときは、苦しみ、痛み、つらさなどを耐え忍んでいるものだ。「陽気ぐらし」は、互い立て合いたすけ合いが基本。大変なときは一人で耐え忍ばず、もっと人に頼って助けてもらい、人がつらそうなときは助けてあげる。そうやって、互いに感謝しながら乗り越えていけばよいのだ。「やさしい心になりなされや。人を救《たす》けなされや。癖、性分《しょうぶん》を取りなされや」（『稿本天理教教祖伝逸話篇』一二三「人がめどか」）。おやさまの声が聞こえてきそうである。

歯と歯の間を空けるようにしていると、ほんわかとやさしい気持ちになっているのに気づく。

「定期検診は、借りものの体を正しく使わせていただいているかのチェックにもなるのだなぁ」と思った。

ささやかな抵抗

昨年末、奈良県で行われた「ならビューティフルシニア」の表彰式に出席したときのこと。登壇した方々の年齢を知って腰を抜かしそうになった。対象者は、七十代から八十代の美男美女だと予想していたのだが、壇上に現れたのは百三歳の男性を筆頭に、百二歳、九十六歳、一番若い方で九十三歳。いずれも「心身ともに健康で若々しく、積極的に社会活動を行い、年齢を重ねた『美しさ』を感じさせ、あのような人になりたいと憧《あこが》れるようなシニア」という選考条件を満たした方ばかりである。最優秀賞の選考は難航した様子だった。

自己PRがいくつか行われたなかで、特に素晴らしかったのが、自身の活動を三分間で紹介する場面だった。電光掲示板がタイムを刻むなか、みな時間を守り、はっきりとした口調で堂々と発表しておられた。それぞれが取り組まれている社会活動は、定年後の六十代から始めたという方が多かった。

「人生百年時代」の到来を、まざまざと実感させられた。もし自分も長寿を頂けるなら、この方々のように凜《りん》として暮らしたいものである。

以前、健康寿命を延ばし、認知症を予防する秘訣《ひけつ》を保健師さんに教《おそ》わったことがある。「ニコニコ・ワクワク・カミカミ・テクテク」の四つだ。今回は、これをご紹介したい。

ニコニコ（心の健康）＝「笑顔」が〝幸せホルモン〟の分泌を促し、「笑い」が免疫力を高め、がん発生を予防することはよく知られている。子供は一日四百回も笑うが、大人になると五十回以下となり、高齢者は十回以下にまで減るという。つらいことがあっても、「……にもかかわらず、とりあえず笑う」ことが大切とのこと。

ワクワク（感動）＝家に引きこもって感動を得るのは難しい。出かけることが大切。私の場合、イベントや交流会などに誘われたら、なるべく参加するよう心掛けている。また、美しい花や景色は、多少遠回りをしても見に行く。それだけの価値があると思う。

カミカミ（お口の健康・栄養）＝前回の「歯を食いしばると…」で、その重要性を紹介した通り、高齢者の場合は、メタボよりも栄養不良がよくないという。肉や卵の取り過ぎでコレステロール値が気になる人は、それらを制限するよりも、野菜やキノコ、海藻をしっかり取るとよいそうだ。

また、水分（アルコール以外）を一日一五〇〇cc は取るよう心掛けるとよい。年を取ると、水分を体に蓄えておけなくなり、皮膚が乾燥して皺《しわ》ができる。脳も同じように水分が減るので、こまめな補給が必要なのだそうだ。一五〇〇cc というと難しく感じるが、たとえば私は、白湯《さゆ》を数回に分けて飲むようにしている。朝、起きがけに二〇〇、職場で午前、昼、午後に各二〇〇、夕食時に一〇〇、寝る前に一〇〇で合計一〇〇〇cc。白湯のほかに、コーヒー、乳酸菌飲料、青汁、汁物などを取るので、一五〇〇cc は十分クリアできる。

認知症で興奮していた患者さんが、水分をしっかり取ることで穏《おだ》やかになることもある。白湯は、トイレは少し近くなるが、薬のように副作用がないので安心である。

テクテク（運動）＝まず、朝日を浴びながら歩くのがよい。同時に頭を使うと効果的。私の場合、出勤時には花壇のある歩道を歩き、季節を感じながら俳句を一句ひねる。帰り道では、一〇〇から七を順に引いていく計算をしている。

筋力を「貯筋」し、転倒や骨折を防止することも大切。まず、なるべく階段を使うこと。その際、いつでも手すりを摑《つか》めるよう、端を歩く。電車の待ち時間などに、深呼吸による腹筋強化をするのもよい。深く息を吐いて腹筋に力を入れ、力を入れたまま吸って吐いてを繰り返す。骨粗しょう症の防止には、重力を活用する。信号待ちをするときは、かかとを上げて、

体重を掛けてドスンと落とす。これを繰り返す。
　これらはいずれも、私の老化へのささやかな抵抗である。と言っても、アンチエイジングのつもりではない。神様からの借りものであるこの体を、最期まで大切に使わせていただけるよう努めることも、心すべきことだと思う。生かされて生きていることに感謝し、ささやかな抵抗を続けたい。

「人生会議」のすすめ

あるベテランの訪問看護師から聞いた話である。

その患者Aさんは、がんの末期で、退院して訪問看護を受けながら自宅療養を続けていた。本人が「最期は、病院に入院して看取《みと》ってもらいたい」と希望されていたので、訪問看護師も病院と連絡を取り、そのつもりでお世話をしていた。

ある日訪問すると、病状が悪化しており、その方に残された時間は少ないと思われた。看護師が「Aさん、そろそろ入院されたほうが良さそうですね」と伝えると、Aさんは弱々しいながらもハッキリと、「もう、病院へは行きたくない。このまま家に居たい」と言われた。

彼女は慌《あわ》てた。「最期は病院で」という言葉を信じきっていたからである。

自宅で看取るとなると、亡くなるまでの二十四時間以内に医師の診察を受けておく必要がある。医師法で、「診療継続中の患者が受診後二十四時間以内に診療中の疾患《しっかん》で死亡した場合については、異状がない限り、あらためて死後診察しなくても、死亡診断書を交付することを認める」とされているからである。

医師の診察を受けていれば、かけがえのない時間を家族と心ゆくまで過ごし、穏《おだ》やかな尊厳ある看取りを行うことができる。家族だけで看取った場合でも、亡くなった時刻を覚えておけば、それが死亡時刻となる。

最も気の毒なのは、家族が慌てて救急車を呼び、救急病院へ搬送《はんそう》されて心肺蘇生《そせい》法を受け、本人の望まない人工呼吸器などにつながれた状態になってしまうことだ。

また、すでに亡くなっている場合、二十四時間以内に医師の診察を受けていないと救急隊から警察へ通報され、事件性の有無や、不審な点がないかなどを取り調べられ、検死を受ける——というような最悪の事態にもなりかねない。

せっかくAさんが「自宅で安らかな死を」と願っておられるのに、そんなことになったら、すべて台無しになる。静かに最期のお別れをすることもままならない。

そこで、その訪問看護師は、懇意にしている開業医に急遽《きゅうきょ》、診察を依頼した。ところが、「あかん。きょうはもう、ビール飲んでしもうた」とのこと。

「大丈夫です！　私が車で送り迎えしますから、先生は診察だけ、ご協力ください！」

そう重ねてお願いし、

「本当に診察するだけやで。あとは、あんたがチャンとしてくれるんやな」

と承諾してもらい、なんとか、その場

を乗りきることができた。

このように、患者さんの気持ちはその時々で揺れ動く。一度の確認や、エンディングノートの記入などで、すべてを決めてしまうには無理がある。

アメリカでも、「より良い終末期医療を実施するためには、本人が元気なうちに事前指示書を書いておくことが有効ではないか」との考えのもと、大規模な調査が行われたが、結果は芳《かんば》しくなかった。

その原因は、まず、本人がそのような指示書を書いていることを、家族が知らなかったこと。次に、元気なうちに決めていても、いざそのときになったら気持ちが変わってしまうことにあった。

そこで、「自らが望む人生の最終段階における医療・ケアについて、前もって考え、本人、家族、医療・ケアチーム等と繰り返し話し合い、共有する取り組み（アドバンス・ケア・プランニング＝ACP）」が推奨《すいしょう》されるようになった。

しかし日本人には、なかなか馴染《なじ》みにくい言葉なので、国が愛称を募集し、「人生会議」と呼ぶことになった。「そろそろ人生会議をしましょうか」というふうに使われる。

人生の究極の目標は、人間が互いにたすけ合って「陽気ぐらし」をすることと私は信じている。そして、その営みは来生《らいせい》へと続いていく。だからこそ、次の人生に向けて、より良い出発をするために、本人も周りの者も皆が満足するような、感謝に包まれた「出直し」が迎えられるよう、この「人生会議」を大いに活用していただきたいと思う。

言葉一つ

「人間は言葉一つで、人を活《い》かしたり、元気にしたりできる。いま私たちは、言葉を大切にすることを求められていると思う」

先日、尊敬する知人から、こんな言葉を聞いた。新型コロナウイルスの蔓延《まんえん》で他人との接触が難しい状況だからこそ、人と人とをつなぐ言葉について、あらためて考えるときではないかというのだ。

そう聞いて、現役看護師時代に参加した、ある勉強会のことを思い出した。講師は、患者の心のケアに当たっている天理教のベテラン教会長。昔気質《かたぎ》の看護師長が、スタッフへの対応について「私は、たとえ相手を泣かせても、大切なことはキッチリ言う！」と発言した。それに対する講師の答えは、こうだった。

「教えるのはいい。けれども、相手に不足させるのはよくない。陽気ぐらしの基本は、『（人に）不足しない、不足させない』こと。相手に不足をさせると、その心づかいがほこりとなって自分に返ってくるから」

いま世間は〝クレーム社会〟である。何かしら不機嫌な人が多く、パワハラに加え、カスハラ＊というのも問題になっている。

昨年、国からパワハラに関する指針が新たに示された。これによると、「業務上、重大な問題行動や社会的ルールやマナー

＊カスハラ……「カスタマーハラスメント」の略称。「消費者による自己中心的で理不尽な要求や悪質なクレームなどの迷惑行為」をいう。

を欠いた言動が見られ、再三注意しても改善されない労働者に、強く注意することはパワハラにならない」とある。

とはいえ、怒りに任せたキツイ言い方や、大声の叱責《しっせき》などはパワハラになるそうで、怒りを上手《じょうず》にコントロールして対応しなければならない。

上司は、理由があって叱《しか》ったとしても、部下は口調の強さに気を取られ、その内容をあまり重要と思わずに「怖い、パワハラだ」と感じる。指導された内容よりも、上司の機嫌ばかりが気になって、指導が身についていかない。始末が悪いことに、怒ったほうは数分で忘れてしまうが、言われたほうは一年以上も覚えていて根に持っている。

カッとなったときに怒りをコントロールする対処方法がある。怒りのピークは六秒間。この六秒間をやり過ごすことができれば、怒りは制御できる。たとえば、その場を離れて時間を稼ぐ、呪文《じゅもん》を唱えるなどなど。

私たちを怒らせるものの正体は、自分のなかの「〜すべき」という価値観、期待、欲求などであり、それが破られたときに怒りが発生するそうだ。自分のなかに、どんな「べき」があるのか振り返り、整理してみる必要がある。勤勉であるべき、努力すべき、規則・約束は守るべき、辛抱強くあるべき、最後までやり遂げるべき……。親から受けた躾《しつけ》も大いに影響する。

指導の場面では、まず事実を伝え、その影響を説明し、自分の思いを伝え、最後は相手にゆだねるとよいそうだ。たとえば、出勤が遅い人に、「遅い！　やる気あるの？」と怒るのではなく、「いつもギリギリの出勤だよね。ギリギリだと何かあったかと心配になる。せめて五分前には来たほう

がよいと思うけれど、どうかな」というように持っていく。責める言い方ではなく、「～しようよ」という言い方がよい。
　また、相手の怒りに巻き込まれないためには、「人間は、一人ひとり別の物語を生きている」ことを理解すること。怒鳴《どな》り散らすクレーマーなどは、その人の「べき」から湧《わ》き出る、家族や身近な人への怒りで心がいっぱいになったときに、たまたま出会った人に

爆発させるようだ。

「ここで爆発する前に、いろいろ溜《た》め込んでいたんだな〜」と理解できると、少し楽に受けとめられるようになる。

子供のころ、大切にしている物を姪《めい》たちにいじられたりして、「も〜！やめてよ！」と、キツイ口調になることがあった。そのたびに、「葉子、家のなかでは、〝いこで声《ごえ》〟はせんのよ」と母に諭された。〝いこで声〟とは、相手をなじるようなきつい言い方をすること。心にほこりを積まない陽気ぐらしの基本を、そっと教えてくれていたのだと思う。

いまできることから

通勤路の途中のある民家の近くで、いつも三匹の猫を見かけた。その家に住む年配の女性が、餌《えさ》をくれるのを待っているようだった。あるとき、その女性が入院した。猫たちは、その後もじっと待っていたが、冬が来る少し前に姿を見せなくなった。いまごろどうしているだろう。私にできることはなかったか……そんなことを考えていたら、ふと、マザー・テレサの言葉が頭に浮かんだ。

「家に帰って家族を愛してあげてください」

貧困や病気で死にかけている人々を看取《みと》る施設「死を待つ人々の家」の活動などが評価された彼女は、一九七九年、ノーベル平和賞を受賞した。その際、記者からの「世界平和のために、私たちはどんなことをしたらいいですか」との質問への答えが、このシンプルな言葉だった。

「外へ目を向けるのは大切なこと。でも、その前に私はまず、うちの猫や家族をもっと大切にしなければ……」

私たちが人生で出会う人は限られている。その一人ひとりを大切に思って接することは重要だ。何より、一番身近な家族が「ただそこに存在してくれている」ことに感謝し、愛することは最も大切なことだと、あらためて思う。

コロナ禍で、自宅に家族が居合わせる時間が長くなった。父親がリモートワークで在宅し、イライラしてＤＶ（ドメスティック・バイオレンス）が増えたと聞くと、胸が痛む。

私の実家は農家で、子供のころ、雪深い冬は父親も家にいて、囲炉裏《いろり》のそばでムシロや背負いかご、草履《ぞうり》などを作っていた。いたずらが過ぎるとゲンコツをもらったが、何回せがんでも嫌《いや》がらずに絵本を読んでくれた。テレビもなかったので、夜は家族全員でトランプを楽しんだ。

神様はいま、家族のありようを見直すようにと言われているのではないかと思う。社会の基本単位である家族が睦《むつ》み合って暮らせぬようでは、世界たすけなど到底おぼつかない。

つい、わがままが出やすい家庭は、陽気ぐらしの修行道場ではないかと、このごろ思っている。

私は四十年間、重症の患者さんの看護に携わってきた。現場の看護師は、いつも「もっと良い看護を実践しなければ」と焦り、理想と実際との狭間《はざま》で心を倒すこともある。そんなとき、「きょう担当する患者さんに、できるだけ喜んでもらえる看護を実践することに集中しよう！　それを繰り返していたら、はっと気がつけば、いつの間にか多くの人を救っていたことになる。あのマザー・テレサも、そうやって生きてこられたそうよ」と慰める。すると「そうか、それでいいんですよね！」と、少し元気になってくれる。

例年なら、看護協会会長として、県内の看護学校の入学・戴帽《たいぼう》・宣誓・卒業などの式典で祝辞を述べるのだが、この一年間は規模縮小で招かれていない。

「コロナ禍だから……」と言い訳して、何もしないでいることもできる。が、それでは使命は果たせない。いまできることは何か、と考えた。

そこで、コロナ禍で十分な実習ができないまま、不安を抱えて卒業する看護学生に、ビデオメッセージでエールを送ることにした。

内容は、新人看護師が忘れてはならない三つの大切な心得。
① 自分の行為の一つひとつが人の命に関《かか》わっていることを忘れず行動し、

どんなに忙しくても、注射などは最後の詰めをしっかりと確認し、責任の持てる状態で実施すること。

② 患者さんに負担をかけるので、決して一人で無理をせず、不安が強いときや「いつもと違う」と思ったときは、すぐ判断のできる上の人に直接、見てもらうこと。

③ 担当する患者さんに心から関心を寄せて声をかけ、何かの処置で病室に行ったら、立ち去る前に、「ほかに何か、心配なことや御用はありませんか」と、ひと言聞くようにすること。

ＤＶＤにメッセージを託し、県内の全看護学校に郵送した。

届け！　看護のこころ。

天職に導かれ

先日、八十五歳で逝去された村上和雄《むらかみかずお》・筑波大学名誉教授の最後のメッセージとなった寄稿文を拝読する機会を得た。

「人間の究極の願いは幸せになること」と題した文章で、幸せな人生を送るための五つの視点を挙げ、その一つに、「自分の仕事を『天職』と捉《とら》えていること」と記されていた。

私は、六年間務めた奈良県看護協会の会長職が満期となる日を間近に控えていた。退職後は、築四十年になるわが家のリフォームや、不用品の整理などをしながら、夫と穏《おだ》やかな余生を過ごすことにしていた。そこに突然、看護専門学校の校長就任の打診が来たのである。重責だ……。関係者の方々が、看護協会会長満期を聞きつけ、声をかけてくださったのだ。

しかし、男性が介護なしで元気に動ける「健康寿命」の平均は約七十二歳。それからすると、夫の身体《からだ》の自由に心配がないのも、あと二、三年。「退職したら……」と、楽しみにしていたさまざまなことが頭をよぎり、迷った。

ちょうどそのとき、村上先生の寄稿文に出合ったのである。そのなかに次の一文があった。

「天職は使命です。使命は命を使うと書きます。使命に生きることは、前向きな心と喜びによって幸せをもたらすと私は考えています」

私は中学を卒業するに当たり、天理准看護婦養成所への進学を決心したときのことを、鮮やかに思い出した。

実家は広島県の山奥の小さな農家で、私は十人兄弟の末っ子だった。親はすでに年を取っていて、高校へ進学する費用を出してもらうのは困難な状況にあった。「なんとか手に職を付け、早く自立したい」と考え、育英会の奨学金の手続きを済ませ、自衛隊に入隊するすぐ上の兄の「援助してやる」との言葉を頼りに、まずは高校を卒業しようと考えていた。

そんな折、両親が熱心に信仰している天理教の所属教会から、

「天理に『憩《いこい》の家』という大きな素晴らしい病院ができて、そこで勤める看護婦を養成している。まずは、昼は准看護婦養成所、夜は夜間高校で学び、二年で准看の資格を取ったら、三、四年生の間は働いて、お金を貯《た》め

ながら高校を卒業し、看護学校に進学するコースだ。学費はすべて出してもらえるので挑戦してみてはどうか」

とのお話を頂いた。

看護師の道は想定外だったので、当時、最も尊敬していた、小学校の担任であった恩師に手紙で相談した。すると、次のような返事を頂いた。

「病気に苦しむ人を直接たすける看護の仕事は、天職です。頑張ってください」

私は、この言葉を聞いて心を決めた。

以来、天理准看護婦養成所、天理高等学校第二部、天理高等看護学院で学ばせていただき、看護職として定年までの四十年を勤めきることができた。その間、つらい局面も多々あったが、家族の協力、患者さんの感謝の言葉、仲間の笑顔に支えられ、やり抜くことができた。この経験は自分自身の誇りであり、強みでもあると思っている。

夫は、校長職について、「要職の方が三人も揃《そろ》って頼みに来られるのはよほどのこと。よく考えて決めればいい」と内諾してくれた。

私は看護教員の研修を受けたことがない。しかし、「分からないことは聞けばいい。勉強すればいい」と思い直し、「成ってくるのは天の理」と受けとめ、お引き受けすることにした。

いま、校長として、折にふれ、看護学生や教員に、「憩の家」で経験した素晴らしい看護のエピソードを話す。みんな瞳《ひとみ》をキラキラさせて熱心に聞いてくれる。

自分では、もはや第一線での看護実践はできないが、これから巣立つ未来のナースたちが、今後お世話するであろう何千、何万の患者さんの幸せのために、心から尽くすことができるよう、導いていきたい。

親々の徳を頂いて

令和三年秋の叙勲で、瑞宝単光章《ずいほうたんこうしょう》を賜《たまわ》った。この勲章は、「精神的または肉体的に著しく労苦の多い業務や、人目に付きにくい分野で長年業務に精励した者」が対象となる。私の場合、天理よろづ相談所病院「憩《いこい》の家」での四十年にわたる看護業務が、それに当たるということだった。

私は広島県の片田舎の小さな農家に、十人兄弟の末っ子として生まれた。その兄弟のうち、すでに三人の兄が叙勲の栄に浴している。予科練《よかれん》出身の長男は終戦後、実家の跡を継ぎ、長きにわたって地元の消防団で活躍した功労に対して、次男とすぐ上の兄は、航空自衛隊での長年にわたる精励に対して、それぞれ栄誉を賜った。

両親が生きていたなら、どれほど喜んだことであろう。貧しいなかでも心豊かに、十人の子を産み育ててくれた父と母。子供たちがそれぞれの役目を精いっぱい務め、充実した生き方ができるように背中で教えてくれたのだと思う。

父母はそろって勤勉。そして信仰熱心。物心がついてからの記憶では、自分たちが所属する天理教の教会の月次祭には、夫婦揃《そろ》って参拝を欠かしたことがない。

父は、がっしりとした体格の石工職人で、跡取り娘だった母の婿《むこ》養子となった。母は、身長一四〇センチほどの小柄な人で、よく十人も産み育ててくれたなと思う。末っ子の私のお産では命を落としかけたと、姉たちから聞かされた。

父は、子供たちを養うために、土木工事の現場監督としても働いていた。雨が降らないかぎり毎日現場に出て、仕事が終われば、魚などをトロ箱いっぱい買って帰宅した。

そんな父が、教会の月次祭である十二日には必ず仕事を休んで参拝するので、仕事仲間から、

「今日は中間《なかま》（平の旧姓）の爺《じい》やんがおらんけえ、十二日だの～」

と言われるほどだった。

私は看護の道を志し、中学卒業と同時に天理の学生寮に入り、看護師になるための勉強を始めた。昼間の天理准看護婦養成所と夜の天理高等学校

第二部を両立する生活はかなりハードで、ついてこられない者もあった。

「ちゃんとやれないのは、本人の根性や頑張りが足りないせいだ」と考えていた私は、寮の当番時など、ルールが守れない者には厳しかった。当然「あの子はきつい！」と、みんなから非難された。

当時の寮長であった中村なを先生から、

「あなたは頑張れば何でもできる丈夫な体を親から頂いているが、世の中には頑張ろうと思ってもできない人がいる。そのことを理解しなければ、やさしい看護婦さんにはなれない」

とご指導いただいた。それまでは、できて当たり前と思っていたことが、実は両親から頂いた大きな徳であったことを初めて知った。

私が入学してから、父と母は自らの信仰を深めることで子供たちに徳を

残そうと、天理で修養を積んだ。母は*修養科、教会長資格検定講習会と、教えを学び、実践しながら見守ってくれた。父は、私が天理で結婚するのを機に修養科に入り、その後も、教会長資格検定講習会、教祖《おやさま》年祭、大祭の参拝と、老いの身を押して天理に足を運んでくれた。

おかげさまで私は、健康保険証を十年間使わなかったことで表彰されるほど健康で、看護師として定年までやり抜くことができた。このたびの叙勲は、産み育ててくれた父母のお徳と、わんぱくな二人の息子の世話をしてくれた義母《はは》から賜ったものと感謝している。

無我夢中で走り続けてきた看護師人生であるが、私も、はや古希となった。これからは親々に少しでも近づけるよう、徳を積む生き方を心掛けたいと思っている。

＊修養科、教会長資格検定講習会……いずれも天理で定期的に開催される天理教信者の修養課程。

あとがき

十年ほど前、天理よろづ相談所病院「憩《いこい》の家」の看護部長を務めていた際、まもなく定年退職を迎える私に、「看護をテーマにエッセイを書いてみませんか」と道友社から声をかけていただきました。

現場を離れる身としては、執筆のネタがそんなにあるだろうか……と躊《ちゅう》躇《ちょ》しましたが、「日々の生活のなかのエピソードでもかまいませんよ」という担当編集者の言葉に乗せられて、お引き受けすることにしました。

エッセイのタイトルは、「胸の奥にこの花あるかぎり」。これは、以前出版した『天理よろづ相談所病院「憩の家」祈りの看護』（一九九六年）のなかで紹介した、当時、私が心の支えにしていたアニメのテーマソング「花のささやき」の歌詞の一節です。困難な日々を、口ずさんで乗り越えてきた、私にとってかけがえのない歌です。

掲載誌の『すきっと』は年二回発行で、『祈りの看護』では紹介できなかった看護のエピソードや、ほかの病棟勤務で経験したことなどから書き始めました。

病棟時代のエピソードを書いたときは、当時、共に働いていた看護師や主治医に掲載誌を送りました。皆「懐かしい！」と喜んでくれて、これをきっかけに、久しぶりに集まることができました。看護学校の教員を務めている元スタッフから、「看護学生の教材に使わせていただいています！」と嬉《うれ》しい便りが届いたこともありました。

こんなこともありました。連載を始めて四年ほど経《た》ったころ、見知らぬ女性から私の所属する天理教の教会を通じて連絡を頂きました。その方は、「憩の家」に入院されたとき、デイルームで『すきっと』を手にしたとのこと。そこで、私のエッセイに興味を持ち、これまで掲載したものをすべて読んでくださったそうです。

私に連絡を取りたいと思ったものの、出版元の道友社から教えてもらうことができず、私の所属教会を調べて電話し、教会長に「ぜひ取り次いでほしい」と懇願されたそうです。

さっそく連絡すると、彼女が所属しているボランティア団体の講演会で、ぜひ話をしてほしいという依頼でした。（このエピソードは、本書の「笑顔の効果」で紹介しています）

このように、医療や看護の世界と無縁な方々にも、心に留《と》めていただいたことは、執筆の大きな励みとなりました。

「憩の家」を定年退職したあとは、私の母校である天理看護学院が閉校するまでの二年間、副学院長として、天理医療大学看護学科へのバトンタッチに携わりました。その後、奈良県看護協会の会長を六年間、満期まで務め、現在は奈良市立看護専門学校の校長を務めています。

絶え間なく看護に関《かか》わる御用を頂き、おかげさまで、エッセイの題材に事欠かない日々を送らせていただくことができました。

「胸の奥にこの花あるかぎり」。長年、心の支えとしてきた〝この花〟とは、「理想の看護を実践したい」という願い。この花を胸に咲かせ続けた日々を、長きにわたり綴《つづ》る機会を頂けた幸せに、感謝を込めて。

令和四年九月

平　葉子

平　葉子（たいら・ようこ）

1951年、広島県生まれ。73年、天理高等看護学院卒業。以後、天理よろづ相談所病院「憩の家」に勤務。同院看護部長、天理看護学院副学院長、奈良県看護協会会長などを歴任。2021年７月より、奈良市立看護専門学校校長。著書に『天理よろづ相談所「憩の家」祈りの看護』（道友社）がある。

胸《むね》の奥《おく》にこの花《はな》あるかぎり

立教185年（2022年）11月１日　初版第１刷発行

著　者　平　葉子

発行所　天理教道友社

〒632-8686　奈良県天理市三島町1番地1

電話　0743（62）5388

振替　00900-7-10367

TENRIKYO DOYUSHA

印刷所　株式会社天理時報社

〒632-0083　奈良県天理市稲葉町80

ISBN978-4-8073-0655-8

定価はカバーに表示